I0819509

Los libros de la colección **¡Me gusta leer!®** han sido creados tanto por reconocidos ilustradores de libros para niños como por nuevos talentos, con el propósito de infundir la confianza y el disfrute de la lectura en los pequeños lectores.

Queremos que cada nuevo lector diga: **"¡Me gusta leer!"**.

Puede encontrar una lista de otros libros de la colección ¡Me gusta leer!® en nuestra página de internet:
HolidayHouse.com/MeGustaLeer

ES LA HORA

La vida de una oruga

Lizzy Rockwell

¡Me gusta leer!®
HOLIDAY HOUSE • NEW YORK

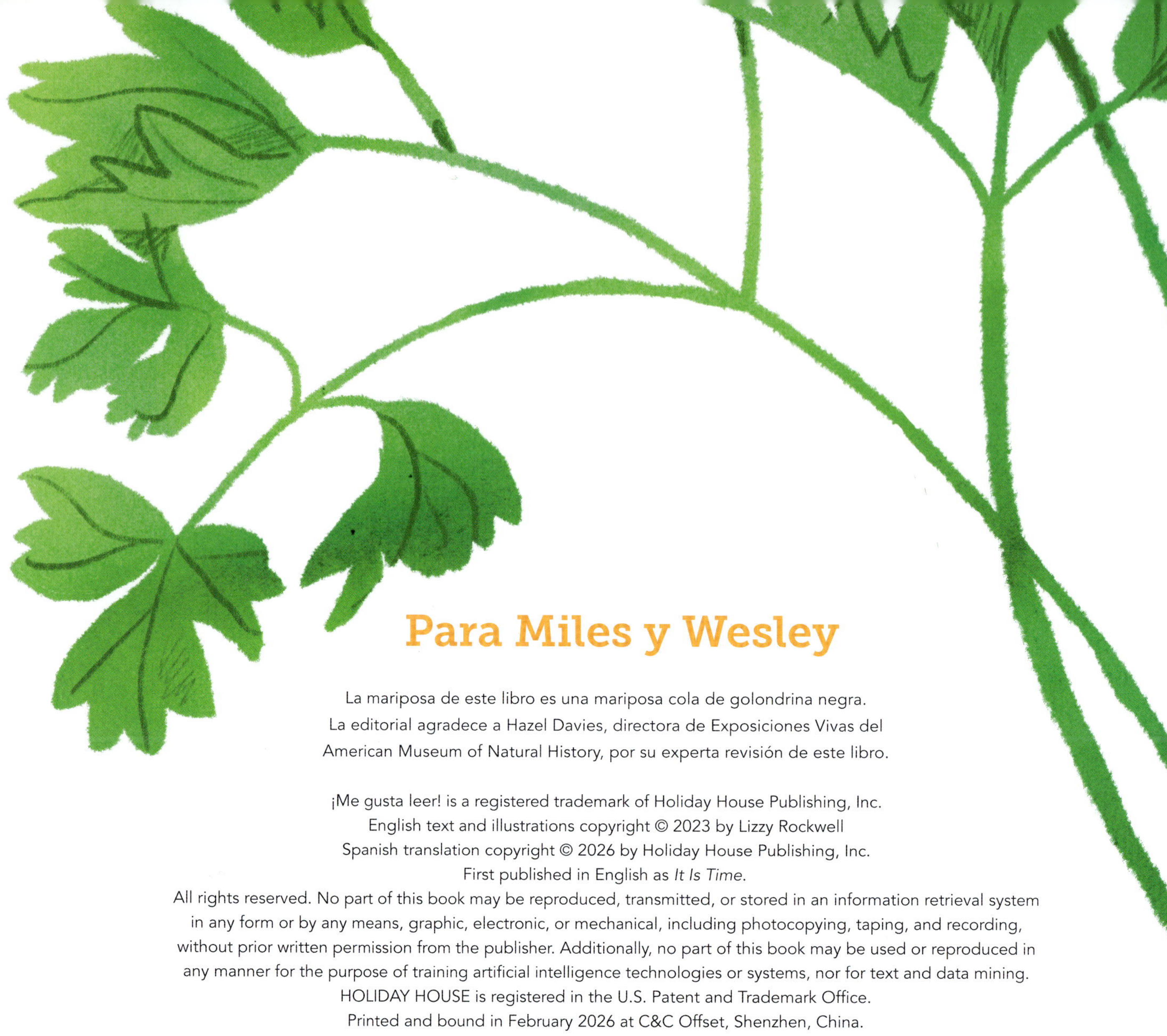

Para Miles y Wesley

La mariposa de este libro es una mariposa cola de golondrina negra.
La editorial agradece a Hazel Davies, directora de Exposiciones Vivas del American Museum of Natural History, por su experta revisión de este libro.

First published in English as *It Is Time*.

Printed and bound in February 2026 at C&C Offset, Shenzhen, China.
The artwork was created with watercolor washes and digital tools.
www.holidayhouse.com
First Spanish Language Edition
1 3 5 7 9 10 8 6 4 2
ISBN: 978-0-8234-6379-4 (Spanish paperback)
ISBN: 978-0-8234-5079-4 (English hardcover)
ISBN: 978-0-8234-5841-7 (English paperback)

The Library of Congress has catalogued the English language edition as follows:
Names: Rockwell, Lizzy, author.
Title: It is time : the life of a caterpillar / Lizzy Rockwell.
Description: First edition. | New York : Holiday House, [2023] | "I Like to Read"—title page verso. | Audience: Ages 4–8 | Audience: Grades K–1
Summary: "A caterpillar hatches out of an egg and grows into a butterfly through its life cycle"—Provided by publisher.
Identifiers: LCCN 2022015001 | ISBN 9780823450794 (hardcover)
Subjects: LCSH: Caterpillars—Juvenile literature. | Butterflies—Life cycles—Juvenile literature.
Classification: LCC QL544.2 .R638 2023 | DDC 595.7813/92—dc23/eng/

EU Authorized Representative: HackettFlynn Ltd, 36 Cloch Choirneal, Balrothery, Co. Dublin, K32 C942, Ireland. EU@walkerpublishinggroup.com

Este es el huevo.
Dentro hay una oruga.

La oruga sale.

Se come el huevo.

Se come la hoja.
Hace popó.
Crece.

Su piel no
crece.

La muda.

Y la muda.

Y la muda.

Y la muda.

Día 1

Día 3

Día 7

Día 10

Día 12

El pájaro quiere comérsela.

¿Qué puede
hacer la oruga?

¡Asusta al pájaro!

Es hora de
transformarse.

La oruga produce seda.

Cuelga de un tallo.

Se retuerce.
Se da la vuelta.

Muda de piel una última vez.

Hay una pupa allí.

Viene el viento.
Viene la lluvia.

La pupa sigue allí.

Un día, la pupa tiembla.

Se abre.

Salen unas patas.

Se despliegan unas alas.
Se secan.

¡Vuela, mariposa!

Huevo
Día 3
Día 30
(más tarde)
Día 30

Día 10
Día 12
Día 16
Día 16
(más tarde)